BEI GRIN MACHT SICH IHR WISSEN BEZAHLT

- Wir veröffentlichen Ihre Hausarbeit,
  Bachelor- und Masterarbeit

- Ihr eigenes eBook und Buch -
  weltweit in allen wichtigen Shops

- Verdienen Sie an jedem Verkauf

Jetzt bei www.GRIN.com hochladen und kostenlos publizieren

Neue Markterschließung für das fiktive Unternehmen "Cyclemania"

Eine Handlungsempfehlung

Monika Ruf

Bibliografische Information der Deutschen Nationalbibliothek:

Die Deutsche Nationalbibliothek verzeichnet diese Publikation in der Deutschen Nationalbibliografie; detaillierte bibliografische Daten sind im Internet über http://dnb.d-nb.de abrufbar.

ISBN: 9783346611284
Dieses Buch ist auch als E-Book erhältlich.

© GRIN Publishing GmbH
Nymphenburger Straße 86
80636 München

Druck und Bindung: Books on Demand GmbH, Norderstedt Germany
Gedruckt auf säurefreiem Papier aus verantwortungsvollen Quellen

Das vorliegende Werk wurde sorgfältig erarbeitet. Dennoch übernehmen Autoren und Verlag für die Richtigkeit von Angaben, Hinweisen, Links und Ratschlägen sowie eventuelle Druckfehler keine Haftung.

Das Buch bei GRIN: https://www.grin.com/document/1184953

SRH Fernhochschule – The Mobile University
Studiengang: Wirtschaftspsychologie, Leadership & Management (M.Sc.)

Prüfungsform:
Einsendeaufgaben

Modulname: Managementlehre

Neue Markterschließung für das fiktive Unternehmen „Cyclemania" – eine Handlungsempfehlung

vorgelegt von: Monika Ruf

Abgabetermin: 12.10.2021

Inhaltsverzeichnis

Abbildungsverzeichnis

3

1. Einleitung

Diese Hausarbeit befasst sich mit dem fiktiven Hamburger Produktionsunternehmen „Cyclemania", welches sich auf die Entwicklung und Produktion von innovativen und qualitativ hochwertigen Mountainbikes spezialisiert hat. Das Unternehmen zeichnet sich durch erstklassige Qualität und einem sehr guten Preis/-Leistungsverhältnis aus, und zielt auf ein junges und preisbewusstes Klientel ab. Der Vertrieb der Produkte erfolgt über einen Webshop sowie stationär in Hamburg, sodass es sich bisher ausschließlich auf dem deutschen Markt etabliert hat.

Zukünftig plant die „Cyclemania" zur Wachstumsrealisierung eine Expansion in neue ausländische Märkte. Somit steht „Cyclemania" nicht nur vor der Herausforderung der Wahl einer geeigneten Internationalisierungsstrategie für das Unternehmen, sondern auch eine passende Form der Markterschließung zu finden.

Im Folgenden werden mögliche Internationalisierungsstrategien sowie Markterschließungsmöglichkeiten anhand theoretischer Grundlagen erörtert und für das Unternehmen „Cyclemania" kritisch diskutiert, um anschließend eine Handlungsempfehlung für das Unternehmen auszusprechen.

2. Textteil zu Aufgabe B1

Die Globalisierung hat aufgrund reduzierter Zölle, verbesserter Kommunikation und einer erhöhten Kapitalmobilität einen bedeutenden Einfluss auf die Weltwirtschaft genommen, da sie Unternehmen ermöglicht, ihre Geschäftsaktivitäten international auszubauen und Wachstum zu realisieren. Eine erfolgreiche Expansion in neue Auslandsmärkte erfordert jedoch, dass Unternehmen internationale Geschäftsstrategien verfolgen, die ihren Bedürfnissen und Fähigkeiten am besten entsprechen. Folglich müssen Unternehmen sich zwangsläufig mit ausländischen Interessengruppen, Mitarbeitern, Verbrauchern und regulatorischen Einschränkungen der Auslandsmärkte auseinandersetzen. Weiterhin müssen Faktoren wie beispielsweise der Wettbewerb, das Lieferkettenmanagement und die Preisstrategie genauestens analysiert werden. Um ihren Kundenstamm auf ausländischen Zielmärkten erfolgreich zu erweitern und die Rentabilität des Unternehmens durch Internationalisierung zu steigern, müssen Unternehmen die erforderliche Zeit und Ressourcen aufwenden, um globale Marktchancen zu verstehen und die richtigen internationalen Geschäftsstrategien zu wählen (Hout, Porter & Rudden, 1982).

2.1. Das IMGT-Modell nach Bartlett & Ghoshal

Das Bartlett & Ghoshal Model zeigt die strategischen Optionen für Unternehmen auf, die ihre internationalen Aktivitäten auf der Grundlage von zwei Kriterien ausrichten: die Notwendigkeit zur globalen Integration und die Notwendigkeit zur lokalen Reaktionsfähigkeit. Unternehmen, die stark global integriert sind, haben das Ziel, Kosten soweit wie möglich zu senken, indem sie Skaleneffekte durch ein weltweit einheitliches Produktangebot erzielen. Unternehmen, die stark lokal reagieren, passen ihre Produkte und Dienstleistungen an lokale Gegebenheiten an (Ghoshal, 1987, S. 428 ff.).

Die Notwendigkeit zur Anpassung an lokale Gegebenheiten ergeben sich aus den Kundenerwartungen an ein bestimmtes Produkt und der Angebotspalette der bereits vorhandenen Wettbewerbern auf dem Zielmarkt. Erwarten die Kunden keine besonderen Anpassungen des Produktes an lokale Gegebenheiten und haben Wettbewerber keine lokalen Vorteile den ausländischen Unternehmen gegenüber, so ist der Anpassungsdruck des eigenen Produktangebots des Unternehmens niedrig. Steht für das Unternehmen das Angebot eines standardisierten Produktes zur Erzielung von Skalen- und Kostenvorteilen sowie ein einheitlicher starker Markenname weltweit im Vordergrund, so ist der Druck der globalen Integration für das Unternehmen hoch.

Je nach Ergebnis der Analyse der Anpassungsnotwendigkeit für die jeweilige Organisation, ergeben sich die folgenden unterschiedlichen strategische Optionen: die internationale Strategie, die multinationale Strategie, die globale Strategie und die transnationale Strategie.

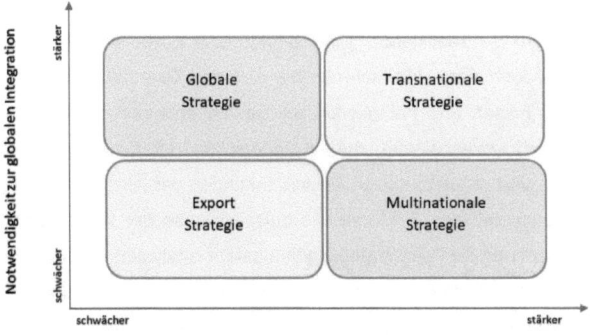

Abbildung 1: Das IMGT-Modell der Internationalisierung

Quelle: Eigene Darstellung in Anlehnung an Stallmann & Wegner (2015), S. 327

Bei der **internationalen Strategie**, auch als Exportstrategie bezeichnet, sind sowohl der Druck zur lokalen Anpassung als auch der Druck zur globalen Integration gering. Das Produkt, das im Heimatmarkt erfolgreich etabliert wurde, wird bei der internationalen Strategie weitgehend unverändert auf ausländischen Märkten angeboten. Solche Produkte weisen in der Regel einzigartige Produkteigenschaften aus und zeichnen sich durch einen starken Markennamen und eine hohe Innovationsrate aus (Metting, 2018, S. 128).

Der Export kann dabei durch Absatzmittler, welche im Heimatland angesiedelt sind und die Produkte auf eigene Kosten vertreiben, oder aber durch das Unternehmen selbst, welches aktiv in den Zielmärkten die Produkte an den Endkunden oder lokale Partner vertreibt, erfolgen (Kutschker & Schmid, 2011, S. 861).

Dabei behält das Unternehmen des Heimatmarktes die Steuerung, Kontrolle und strategische Entscheidungskompetenz über Aktivitäten auf ausländischen Märkten. Folglich kommt nicht nur der Einzigartigkeit des Produktes eine hohe Bedeutung zu, sondern auch dem Management und den Angestellten des Unternehmens des Heimatmarktes, da diese in der Regel über das erforderliche Know-how und entsprechende Qualifikationen verfügen, die dieses Produkt bedarf (Stallmann & Wegner, 2015, S. 324). Die geringe Anpassungsnotwendigkeit des Produktes geht mit dem Export in ausländische Märkte einher, die mit dem Heimatmarkt strukturell vergleichbar sind. Märkte, die stark vom Heimatmarkt abweichen, werden aufgrund der hohen Notwendigkeit zur Produktanpassung an lokale Gegebenheiten nicht bearbeitet (Berndt, Altobelli & Sander, 2018, S. 15).

Unternehmen, die sich für eine internationale Strategie entscheiden, genießen somit vergleichsweise geringe Adaptationskosten ihrer Produkte, eine schnellere und einfachere Umsetzung ihrer Auslandsambitionen durch Übertragung bereits implementierter Konzepte, Produkte- und Dienstleistungen vom Heimatmarkt auf ausländische Märkte, sowie die Gewährleistung eines schnelleren Wissenstransfers zwischen den Gesellschaften, die im Heimatmarkt, und denen, die im Auslandsmarkt angesiedelt sind.

Die geringe Notwendigkeit der Produktadaptation und generell der internationalen Aktivitäten kann sich aber auch nachteilig auf den ausländischen Zielmärkten gestalten. Ausbleibende Marktforschung und die Vernachlässigung kultureller Unterschiede im Vergleich zum Heimatmarkt können zum Verlust bestehender oder potenzieller Kunden führen. Zudem wirkt die zentrale Steuerung der Auslandsgesellschaften durch das im Heimatland angesiedelte Unternehmen und die daraus resultierende fehlende Perspektive von Einfluss- und Entwicklungsmöglichkeiten der lokalen Mitarbeiter demotivierend auf deren Arbeitseinstellung.

Unternehmen, die sich für eine **multinationale Strategie** entscheiden, gehen von der Einmaligkeit vieler nationaler Märkte aus und betrachten sie unabhängig voneinander. Die Notwendigkeit zur Anpassung an lokale Gegebenheiten ist bei diesen Unternehmen hoch, der Druck zur globalen Integration vergleichsweise gering. Multinationale Unternehmen bestehen üblicherweise aus einer Muttergesellschaft, welche den Sitz im Heimatland hat, und mindestens einer Tochtergesellschaft im Ausland, sodass multinationale Unternehmen mehr als einen Produktionsstandort besitzen (Dunning, 2008, S. 3.). Den ausländischen Tochtergesellschaften wird ein hoher Grad an Autonomie hinsichtlich der Produkt-, Beschaffungs-, Produktions- und Absatzpolitik gewährt, um die Anforderungen und Bedingungen des Zielmarktes möglichst passgenau zu erfüllen (Mense-Petermann & Wagner, 2006, S.14).

Je nachdem, ob multinationale Unternehmen Standortmotive oder Internationalisierungsmotive verfolgen, kann zwischen horizontal integrierten und vertikal integrierten Unternehmen unterschieden werden.

Für horizontal integrierte Unternehmen ist eine internationale eigenständige Parallelproduktion gleichartiger Produkte kennzeichnend. Diese Unternehmen profitieren unter anderem von verfügbarem Ressourcenvorkommen am jeweiligen Produktionsstandort und Kostenvorteilen durch die Umgehung von Handelsbarrieren oder hohen Transportkosten.

Eine vertikale Integration senkt für Unternehmen das Risiko von Koordinationsproblemen oder Preisschwankungen zwischen unterschiedlichen Unternehmen, da Produkte als Vorprodukte in den Produktionsprozess ausländischer Betriebe eingehen können. Entscheidend für diese Form der Integration ist die Nutzung komparativer Vorteile (Krugmann & Obstfeld, 2006, S. 220 f.).

Die multinationale Strategie erlaubt Unternehmen, neue Absatzmärkte zu erschließen und in den Ländern, in denen sie Wertschöpfung betreiben, einen wertvollen Beitrag zur Entwicklung der lokalen Lebens- und Arbeitsbedingungen zu leisten, sowie zu Fortschritt und Wohlstand zu verhelfen. Dies kann die Akzeptanz der lokalen Kunden und deren

Kaufinteresse, auch aufgrund der lokal angepassten Produkte, für das Unternehmen erhöhen. Anders als bei der internationalen Strategie, muss das Unternehmen sich nicht mit kulturellen und sprachlichen Barrieren aufgrund der lokal angestellten Mitarbeitern in den Auslandsgesellschaften auseinandersetzen. Auch das Problem der fehlenden Perspektive und geringen Mitarbeitermotivation scheint bei multinational agierenden Unternehmen weniger der Fall zu sein, da die Auslandsgesellschaften über eine höhere Autonomie verfügen.

Allerdings besteht bei dieser Strategie die Gefahr einer erschwerten einheitlichen Markenführung infolge des hohen Maßes an Autonomie der Auslandsgesellschaften und der damit einhergehenden geringen Kontrollmöglichkeiten des Heimatunternehmens, da die Auslandsgesellschaften dieselben Wertschöpfungsaktivitäten auf ganz unterschiedliche Weise in den Zielmärkten ausführen. Hinzu kommen hohe Kosten angesichts der Berücksichtigung lokaler Unterschiede in Bezug auf Kundenbedürfnisse aber auch auf länderspezifische Regularien.

Strebt ein Unternehmen nach Produkt- und Prozessstandardisierung, um Kostenvorteile mittels Skaleneffekten und hohe Absatzmengen zu generieren, spricht man bei dieser strategischen Ausrichtung von einer **globalen Strategie**.

Diese Unternehmen sehen den Weltmarkt als eine homogene Gesamtheit an, weshalb die Notwendigkeit zur Anpassung der Produkte an lokale Gegebenheiten äußerst gering ist. Der Druck zur globalen Integration ist bei diesen Unternehmen umso höher, weshalb global ausgerichtete Organisationen auf die Standardisierung und Bündelung nicht nur ihrer Produkte, sondern auch ihrer Wertschöpfungsaktivitäten an denjenigen Orten setzen, die für die Organisation am gewinnbringendsten sind. Globale Strategien werden häufig von Unternehmen verfolgt, die sich in einem starken Preiswettbewerb mit anderen Marktteilnehmern befinden (Metting, 2018, S. 128 f.).

Die kontinuierliche Verfolgung und Realisierung eines einheitlichen Produktprogramms ermöglicht Unternehmen auf der einen Seite, von einer erheblichen Kostenreduktion aufgrund von Größenvorteilen zu profitieren. Auf der anderen Seite ermöglicht es den Unternehmen, den Kunden gegenüber eine verbesserte Qualität des Produktes anzubieten, da der komplette Fokus und die Bündelung der Ressourcen in die Produktion eines standardisierten Produktes einfließen. Gleichzeitig kann eine weltweit einheitliche Verfügbarkeit der Produkte die Kundenpräferenz dieser Produkte gegenüber steigern.

Die globale Strategie birgt aber auch die Gefahr, die lokalen Interessen und Bedürfnisse der im Ausland angesiedelten Kunden infolge des starken Standardisierungsgrades des Produktes zu verfehlen. Ändern sich Kundenbedürfnisse und Kaufverhalten, so mangelt es Unternehmen mit einer global ausgerichteten Strategie an Reaktionsflexibilität auf lokale Veränderungen. Zudem erfordert die weltweite Verteilung des Wertschöpfungsprozesses eine starke Integration und Koordination der globalen Aktivitäten, was die Tätigkeiten der Gesamtorganisation vergleichsweise träge werden lässt.

Bartlett und Ghoshal (1989) erkannten in der **transnationalen Strategie** das Erfolgsmodell für international agierende Unternehmen, wobei die praktische Umsetzung sehr anspruchsvoll ist, da sie eine ständige Ausbalancierung von grundlegenden Zielkonflikten innerhalb der Organisation erfordert. Unternehmen, die ihr Handeln nach dieser Strategie ausrichten, nehmen sich sowohl der Herausforderung zur Anpassung ihrer Produkte an lokale Gegebenheiten, als auch der globalen Integration zur Erzielung von Kostenvorteilen aufgrund von Skaleneffekten an.

Diese Strategie erfordert eine weltweit verteilte, aber auch zugleich flexibel steuerbare Unternehmens- und Produktionsstruktur. Unternehmen, die diese Strategie verfolgen, setzen auf Produktionsnetzwerke und bauen umfassende Aktivitäten auf ausländischen Märkten auf. Die Entscheidungs-, Produktions- und Vertriebsverantwortung wird gleichmäßig auf die einzelnen Standorte in den verschiedenen Zielmärkten verteilt, wodurch Unternehmen über separate Marketing-, Forschungs- und Entwicklungsabteilungen verfügen, die auf die Bedürfnisse lokaler Verbraucher ausgerichtet sind (Hirsch-Kreinsen, 1997, S. 105 f). Demnach kann die transnationale Strategie als ein dynamisches Konzept betrachtet werden, in welchem durch flexible Anpassungshandlungen versucht wird, gleichzeitig sowohl lokal adaptiv zu sein, als auch Wettbewerbsvorteile zu realisieren (Steger, Kummer, 2002, S. 195).

So komplex die transnationale Strategie auch sein mag, so vereint sie die Vorteile der internationalen, globalen und multinationalen Strategien in sich. Unternehmen profitieren von einer umfangreichen Auswahl an guten Produktionsstandorten und der Möglichkeit des Austausches von reichlich global erworbenem Wissen durch die in den internationalen Zielmärkten angesiedelten Unternehmen. Transnational ausgerichtete Unternehmen sind aufgrund ihrer Anpassungsfähigkeit an lokale Gegebenheiten und der gleichzeitigen Kostenreduktion zudem äußerst wettbewerbsfähig.

Nachteilig ist der erhebliche Kapitaleinsatz, der durch ausländische rechtliche und regulatorische Gegebenheiten, die Einstellung neuer Mitarbeiter und den Kauf oder die Anmietung von Büros und Produktionsräumen, sehr hoch ausfällt. Auch der beträchtliche Aufwand zur Entwicklung einheitlicher Strategien, die von den jeweiligen Kompetenzzentren geschaffen werden, erschweren das Konzept der transnationalen Strategie.

2.2. Handlungsempfehlung für „Cyclemania"

„Cyclemania" hat sich mit ihrem Produkt in den letzten 10 Jahren bereits erfolgreich auf dem deutschen Markt etabliert und Bekanntheit in der Biker-Szene erlangt. Zukünftig möchte „Cyclemania" mit ihrem Produkt Auslandsmärkte erobern. Mit ihren Internationalisierungsabsichten erhoffen sie sich, zusätzliche Gewinne zu generieren, ihre Wettbewerbsfähigkeit zu erhalten und ihre Bekanntheit im Ausland weiter auszubauen. Eine Erweiterung der Produktpalette von „Cyclemania" ist derzeit nicht geplant, sodass der Fokus vorerst ausschließlich auf dem Vertrieb des bestehenden Produktes liegt. Der „Cyclemania" wird unter Berücksichtigung aller Vor- und Nachteile der von Bartlett und Ghoshal erläuterten möglichen Strategien sowie der Kernkompetenzen und Motive des Unternehmens selbst, die Internationalisierungs-strategie oder auch Exportstrategie empfohlen. Die Wahl der Strategie soll im Folgenden begründet werden.

Das Unternehmen „Cyclemania" produziert und vertreibt innovative und qualitativ hochwertige Mountainbikes an preisbewusste, junge Biker. Somit zeichnen sie sich durch erstklassige Produkteigenschaften und einer hohen Innovationsrate aus. Das Produkt Mountainbike spricht zudem eine globale Zielgruppe mit hohen überregionalen Gemeinsamkeiten an, sodass sich keine oder eine nur sehr geringe Notwendigkeit zur Anpassung an lokale Gegebenheiten aufgrund unterschiedlicher Kundenerwartungen ergeben. Auch das Marketing des Unternehmens kann unter Berücksichtigung der sprachlichen Anpassung der Kampagne weitgehend unverändert auf ausländischen Zielmärkten präsentiert werden. Demnach können infolge der geringen Notwendigkeit zur Anpassung an lokale Bedürfnisse die im Heimatmarkt bereits erprobten Konzepte im Bereich Marketing und Vertrieb nahezu identisch auf internationale Märkte übertragen werden, ohne dabei auf hohe Adaptationskosten oder lange Marktforschungszeiträume zur Aufsetzung neuer Strategien zu stoßen. Um einem potenziellen Verlust von Kunden in den Auslandsmärkten vorzubeugen und um Fehlinvestitionen zu vermeiden, sollte die

„Cyclemania" dennoch die angestrebten Zielmärkte vor der Expansion mittels einer Kundenbedarfsanalyse hinreichend bezüglich der Präferenzen, Erwartungen und Motivationen der Endverbraucher beleuchten.

Der Webshop sollte weiter aufrecht erhalten und durch die Mitarbeiter des Heimatmarktes zentral gesteuert werden, sodass in diesem Bereich keine Kosten zur Einstellung von zusätzlichem Personal anfallen. Der Shop sollte lediglich hinsichtlich der Sprache der ausländischen Zielmärkte angepasst, sowie mit Hilfe von Suchmaschinenoptimierung und Suchmaschinenmarketing justiert werden. Für Rückfragen sollten Mitarbeiter mit zusätzlich mindestens guten Englischkenntnissen den ausländischen Kunden zur Verfügung stehen. Der Slogan des Unternehmens lautet „von Bikern für Biker". Davon ausgehend entspricht sowohl die Zielgruppe der „Cyclemania", als auch die Angestellten selbst jungen Bikern, welche in der heutigen Zeit weitgehend über Englischkenntnisse verfügen und ohnehin internetaffin sind.

Darüber hinaus zeichnet sich die Internationalisierungsstrategie durch eine geringe Notwendigkeit zur weltweiten Integration aus. Die „Cyclemania" wirbt bei ihren Mountainbikes mit einer hohen Qualität und einem sehr guten Preis/-Leistungsverhältnis. Zusätzlich kann sie sich mit der Herkunftsbezeichnung „Made in Germany" küren, welche in den Augen vieler Verbraucher heutzutage als Gütesiegel für hervorragende Qualität und akkurate Verarbeitung gesehen wird. Eine Auslagerung der Produktion an Standorte mit geringeren Herstellkosten würde zwar die Produktion von Massenvolumina zur Erzielung von Skalen- und Kostenvorteilen begünstigen und dem Unternehmen zu preislichem Wettbewerb verhelfen, auf der anderen Seite würde diese Vorgehensweise aber der Strategie der „Cyclemania" und somit dem kompletten Konzept, das das Unternehmen verfolgt, widersprechen. Daher sollte der Einkauf der für die Produktion benötigen Materialien und Komponenten, sowie die Produktion selbst, auch weiterhin zentral aus Hamburg gesteuert und durchgeführt werden. Vorteilhaft ist hier der Wegfall der Suche nach günstigeren Ressourcen und Produktionspartnern in Auslandsmärkten, da beide Tätigkeiten weiterhin im Heimatland in den eigenen Büros und Produktionsstätten erfolgen und der Qualitätsanspruch auch für ausländische Märkte permanent sichergestellt werden kann.

Zwar handelt es sich bei Mountainbikes um weniger erklärungsbedürftige Produkte, jedoch sollte der Kunde ab einer gewissen Preisklasse mit einem entsprechenden Dienstleistungsangebot vor Ort rechnen können. So sollte die „Cyclemania" ihren Kunden in den Auslandsmärkten vor Ort die Möglichkeit einräumen, die Mountainbikes vor dem Kauf auf einer Teststrecke fahren zu können und somit ein positives Produkterlebnis für den Kunden zu schaffen. Diese Vorgehensweise soll die zukünftige Bindung des Kunden an die Unternehmensmarke sicherstellen sowie die Zahlungsbereitschaft der Kunden erhöhen. Dies bedeutet, dass „Cyclemania" ihre Mountainbikes in lokalen Fahrradgeschäften zur Nutzung in Form eines direkten Exports an die entsprechenden Geschäftspartner bereitstellen muss. Hierdurch entsteht eine direkte Beziehung zwischen den lokalen Partnern und dem exportierenden Unternehmen und führt somit zur schnelleren Reaktionsfähigkeit im Falle von eventuellen Änderungen der Kundenansprüche vor Ort. Auch der Marktaustritt im Falle einer Fehlinvestition gestaltet sich im Vergleich zu kapitalintensiveren Markteintrittsstrategien deutlich einfacher. Zusätzliche Kosten für Personaleinstellungen oder Produktschulungen fallen nicht an, da das Personal in den Fachgeschäften vor Ort in der Regel bereits geschult ist und das einheitliche Produkt eines Mountainbikes keiner umfangreicheren Erklärungen bedarf. Die lokalen Kunden profitieren außerdem von kürzeren Lieferzeiten, günstigeren Versandkosten und einer effizienteren Retourenabwicklung.

3. Textteil zu Aufgabe B2

Um ausländische Märkte zu erobern, bieten sich allerdings auch andere Möglichkeiten des Markteintrittes an. Um die für das Unternehmen „Cyclemania" geeignete Markteintrittsstrategie zu wählen, muss im Vorfeld der Expansion der Organisation eine Analyse über das Potenzial des entsprechenden Marktes erfolgen. Zusätzlich muss das Unternehmen mögliche Risiken identifizieren, die einen Markteintritt erschweren können. Solche Risiken können beispielsweise in Form von Regularien der Zielmärkte und einer unsicheren ökonomischen oder politischen Lage auftreten, oder aber auch aus der eigenen Unfähigkeit des Unternehmens heraus, mit kulturellen oder administrativen Unterschieden in den Auslandsmärkten umzugehen, resultieren (Dehnen, 2012, S. 105).

Die Markteintrittsstrategien können dabei hinsichtlich des Standortes der Leistungserstellung voneinander abgegrenzt werden. Hierbei wird zwischen der Leistungserstellung im Heimatmarkt und der Leistungserstellung in ausländischen Märkten unterschieden. Wird die Leistung im Heimatmarkt erstellt, so spricht man von direkten und indirekten Exportstrategien. Erfolgt die Leistungserstellung in ausländischen Märkten, kommt die Vergabe von Lizenzen, der Aufbau eines Franchisekonzepts, Direktinvestitionen und die Bildung von Joint Ventures für das Unternehmen in Frage (Macharzina & Wolf, 2012, S. 937).

Exporte und die Vergabe von Lizenzen werden dabei häufig von Unternehmen genutzt, die am Anfang ihrer internationalen Tätigkeiten stehen und das Risiko der Auslandsaktivitäten zu Beginn gering halten möchten. Erst nach einer gewissen Wissens- und Erfahrungsansammlung sowie der Generierung höherer Absatzvolumina im Ausland, engagieren sich Unternehmen in zunehmendem Maße mit eigenen Aktivitäten im Zielmarkt (Metting, 2018, S. 131).

Die Wahl einer geeigneten Markteintrittsstrategie erfolgt nach Johnson (2014) gemäß der beiden Kriterien der Handelbarkeit und der Breite der Wettbewerbsvorteile im Zielmarkt. Als gut handelbar wird eine Leistung dann bezeichnet, wenn sie gut transportierbar ist, was bei physischen Gütern häufig der Fall ist. Das Produkt wird dann durch Nutzung von Handelspartnern im Zielmarkt vertrieben. Bei der Breite des Wettbewerbsvorteils analysiert das Unternehmen, inwieweit es selbst über die erforderlichen Fähigkeiten und Kompetenzen, die sie für einen Markteintritt im Auslandsmarkt benötigt, verfügt. Anderenfalls ist das Unternehmen auf die Zusammenarbeit mit lokalen Partnern angewiesen.

Unter Berücksichtigung der Ausprägung der beiden Kriterien in hohe und niedrige Handelbarkeit der Leistung und einem breiten und schmalen Wettbewerbsvorteil im Zielmarkt, ergeben sich vier unterschiedliche strategische Ausrichtungen, welche die Wahl einer geeigneten Markteintrittsstrategie erleichtern sollen.

Abbildung 2: Internationale Markteintrittsstrategien im Überblick
Quelle: Eigene Darstellung in Anlehnung an Johnson (2014), S. 282

Bei einer hohen Handelbarkeit der Leistung empfiehlt sich eine Exportstrategie, die Vergabe von Lizenzen oder der Aufbau von Franchisekonzepten. Diese Strategien eignen sich für Unternehmen, welche das Risiko des neuen Markteintritts zu Beginn ihrer Auslandsaktivitäten begrenzen möchten, da sie vergleichsweise geringe Investitionen erfordern. Für Organisationen, die risikofreudiger sind und eigene Investitionen im Ausland betreiben möchten, eignen sich Direktinvestitionen oder Joint Ventures. Diese Unternehmen verfügen meistens selbst über die für einen Markteintritt notwendigen Kompetenzen und Fähigkeiten und vertrauen eher in ihre eigenen Vorhaben als in die Vorhaben ihrer im Auslandsmarkt ansässigen Geschäftspartner.

Im nachfolgenden Text wird im Rahmen dieser Hausarbeit lediglich das Konzept der Exportstrategie und des Joint Ventures als mögliche Markteintrittsalternativen für die „Cyclemania" erläutert.

3.1. Exportstrategie und Joint Venture

Bei der Exportstrategie wird die Leistung im Heimatland erstellt und außerhalb des Herstellungslandes vertrieben. Grundsätzlich eignen sich Exporte gut für Unternehmen mit geringer Auslandserfahrung, da nicht notwendigerweise Kapital- oder Personaltransfer benötigt wird (Berndt, Altobelli, & Sander, 2018, S.167).

Der Export kann in den direkten und indirekten Export unterteilt werden (Backhaus, Büschken & Voeth, 2001, S.169).

Beim direkten Export ist das produzierende Unternehmen des Heimatmarktes selbst auf dem ausländischen Markt aktiv. Der Vertrieb der Produkte kann dabei entweder über eigene Vertriebsorgane oder alternativ über die Beteiligung von ausländischen Absatzmittlern erfolgen. Beim direkten Export entsteht somit eine direkte Beziehung zwischen dem exportierenden Unternehmen und den im Ausland ansässigen Kunden und Geschäftspartnern (Meffert, Burmann & Becker, 2010, S. 180). Somit fällt beim direkten Export ein vergleichsweise höherer Investitionsbedarf an, da gewisse Ressourcen und Kompetenzen für die Errichtung eigener Verkaufsstellen im Ausland benötigt werden. Die Investitionen gehen gleichwohl mit einem höheren Risiko im Falle des Scheiterns des Unternehmens einher. Andererseits befindet sich das Unternehmen durch den direkten Export dichter am Zielmarkt und an den lokalen Kunden, sodass schneller auf Veränderungen im Markt reagiert werden kann. Das Unternehmen behält durch den direkten Export die Steuerbarkeit und die Kontrolle über ihre ausländischen Aktivitäten und kann sich länderspezifisches Wissen aneignen.

Der indirekte Export wird als die einfachste und risikoärmste Form der Markteintrittsstrategien zur ausländischen Marktbearbeitung gesehen. Im Vergleich zum direkten Export wird das Unternehmen dabei nicht selbst auf dem Auslandsmarkt aktiv. Stattdessen beauftragt das Unternehmen einen Exporthändler im Zielmarkt und überträgt die Verantwortung von Prozessen wie beispielsweise der Lieferung und des Verkaufs der Produkte auf den Exporthändler, sodass diese die Produkte auf ihr eigenes Risiko vertreiben. Im Gegenzug verlangen Exporthändler jedoch hohe Handelsspannen, um ihr eigenes Risiko zu minimieren (Meffert, Burmann & Becker, 2010, S. 179ff). Durch den indirekten Export verliert das Unternehmen seine Nähe zum Auslandsmarkt und gibt die Kontrolle an die Exporteure ab. Die Qualität und die Art des Vertriebswegs liegen außerhalb der Kontrolle und Steuerbarkeit des produzierenden Unternehmens. Organisationen können aber auch von fachkundigen Exporteuren mit spezifischen Länderkenntnissen profitieren und ihre Produkte über viele Ländergrenzen hinweg streuen, ohne dabei selbst ein großes Vertriebsnetz aufbauen zu müssen.

Bei einem Joint Venture handelt es sich um eine spezifische Kooperationsform zwischen zwei oder mehreren rechtlich und wirtschaftlich voneinander unabhängigen Unternehmen unter einer einheitlichen Leitung und einer gemeinschaftlichen Kapitalbeteiligung (Kutschker & Schmid, 2011, S. 888). Joint Ventures werden gerne als Markteintrittsstrategie von Unternehmen gewählt, wenn das Unternehmen allein nicht über die für einen Markteintritt notwendigen Ressourcen verfügt, das Länderrisiko hoch ist und rechtliche Beschränkungen des Auslandsmarktes für die Gründung einer Tochtergesellschaft vorliegen (Morschett, Schramm-Klein & Swoboda, 2010, S.72). So gründet das Unternehmen für gewöhnlich ein Joint Venture mit einem Partnerunternehmen aus dem Auslandsmarkt (Kutschker & Schmidt, 2011, S.888).

Joint Ventures können im Hinblick auf ihre Kooperationsausrichtung und Kapitalbeteiligung der Geschäftspartner in „Equity Joint Ventures" und „Contractual Joint Ventures" unterschieden werden (Mellewigt, 2003, S.15).

Dabei ist die Equity Joint Venture die am häufigsten gewählte Unternehmensform, bei welcher die Geschäftspartner sowohl das finanzielle Risiko als auch die Führungsverantwortung untereinander aufteilen. Dabei kann es zu einer Ungleichverteilung der Entscheidungsbefugnisse je nach Kapitalbeteiligung der Geschäftspartner kommen. Das Ziel einer Neugründung ist dabei häufig der Aufbau einer dauerhaften Zusammenarbeit, sodass man von einer beständigen Partnerschaft mit eigener Rechtsform ausgehen kann (Haas, Neumaier & Schlesinger, 2012, S.360).

Bei einem Contractual Joint Venture kommt es zu keinem formalen Gründungsakt. Es handelt sich bei dieser Form der Auslandsinvestition lediglich um einen Kooperationsvertrag, welcher die Vertragsbeziehungen hinsichtlich Kosten-, Risiko- und Gewinnverteilung zwischen zwei oder mehreren Partnern niederlegt und meistens projektbezogen ist (Kutschker & Schmid, 2011, S. 891).

Wesentliche Motive für die Wahl eines Joint Venture als Markteintrittsstrategie liegen vor allem in der Aufteilung des unternehmerischen Risikos auf die Beteiligten sowie im geringeren Kapitalbedarf. Unternehmen fördern sich dabei gegenseitig, indem Marktkenntnisse, Fachwissen, Produktionsstandorte und sonstige Ressourcen zusammengelegt werden. Durch diesen Zusammenschluss entstehen Synergieeffekte, welche die Partner zu ihrem Wettbewerbsvorteil für sich nutzen können. Demnach ist es Unternehmen möglich, einen schnelleren und sicheren Markteintritt bei gleichzeitig geringerem unternehmerischen Risiko zu vollziehen (Haas, Neumaier & Schlesinger, 2012, S. 354).

Jedoch dürfen Joint Ventures und die Komplexität, die sie mit sich bringen, nicht unterschätzt werden. So können unterschiedliche Partner auch unterschiedliche Interessenlagen und Zielvorstellungen mit sich bringen, welche unweigerlich zu Konflikten und folglich zu langwierigen Verhandlungen führen. Diese sind in der Regel sehr zeitintensiv und resultieren in Bewegungslosigkeit und einer langsamen Reaktionszeit des Unternehmens. Des Weiteren besteht aufgrund der Offenlegung von Betriebsgeheimnissen auf beiden Seiten die Gefahr, dass nach Ablauf des Joint Ventures aus dem Partner der größte Konkurrent des Unternehmens werden kann (Haas, Neumaier & Schlesinger, 2012, S. 354).

3.2.   Handlungsempfehlung für „Cyclemania"

Bei der Handlungsempfehlung für „Cyclemania" bezüglich der Wahl einer Markteintrittsstrategie wird weiterhin davon ausgegangen, dass die Gründe für die Internationalisierungsabsichten hauptsächlich in der Generierung zusätzlicher Gewinne, dem Erhalt der Wettbewerbsfähigkeit und der Steigerung der Bekanntheit des Markennamens liegen. Eine Erweiterung der Produktpalette ist bis dato nicht beabsichtigt, sodass der Fokus des Unternehmens ausschließlich auf dem Vertrieb der bestehenden Produkte liegt.

Die Analyse der für den Markteintritt zur Wahl stehenden Strategien läuft, wie auch bereits die Analyse der strategischen Ausrichtung für eine Internationalisierung der Geschäftsaktivitäten, erneut auf den Export als die geeignetste Markteintrittsstrategie für das Unternehmen „Cyclemania" hinaus.

Das Produkt Mountainbike kann als hoch handelbar betrachtet werden, da es länderübergreifend gut transportierbar ist. Zudem handelt es sich um ein globales Produkt, welches keiner Anpassung an lokale Gegebenheiten bedarf und identisch zu den Mountainbikes, die in Hamburg für den deutschen Markt produziert werden, in die Auslandsmärkte exportiert werden kann.

Auch die Breite des Wettbewerbsvorteils kann bei „Cyclemania" als hoch angesehen werden. Da das Unternehmen zu Beginn seiner Auslandstätigkeiten zunächst Märkte bearbeiten sollte, die dem eigenen Heimatmarkt ähnlich sind und in denen die Kundenpräferenzen sich gleichen, verfügt das Unternehmen über die für den Markteintritt erforderlichen Fähigkeiten und Kompetenzen, da diese nicht sonderlich vom Heimatmarkt abweichen. Das Unternehmen ist in diesem Fall nicht auf die Zusammenarbeit mit lokalen Partnern angewiesen, wie das bei einem Joint Venture der Fall gewesen wäre.

Da die „Cyclemania" bisher noch keine Auslandserfahrung angesammelt hat, eignet sich die Exportstrategie insbesondere für einen ausländischen Markteintritt, da diese Strategie keinen hohen Kapitaleinsatz und Personaltransfer erfordert, sodass die Investitionskosten vergleichsweise gering ausfallen. Im Falle des Scheiterns von „Cyclemania" ist ein Ausstieg und eine Rückkehr in den Heimatmarkt zu jeder Zeit möglich, da keine Verträge eingegangen wurden, die das Unternehmen über einen gewissen Zeitraum an die Auslandsaktivitäten gebunden hätten.

Um ihrem Qualitätskonzept treu zu bleiben, sollte die „Cyclemania" ihre Produktionsstandorte weiterhin in Deutschland belassen und die benötigten Komponenten und das notwendige Material wie gehabt von ihren Partnern aus Deutschland beziehen. Somit ist sie nicht auf eventuelle Ressourcen oder Produktionsstandorte von Partnern im Auslandsmarkt angewiesen, wie das beim Joint Venture der Fall gewesen wäre. Länderspezifisches Know-how benötigen die standardisierten Produkte von „Cyclemania" ebenfalls nicht, weshalb ein Wissenstransfer nicht notwendig ist. Vielmehr sollte die „Cyclemania" darauf verzichten, ihre Geschäftsprozesse und Betriebsgeheimnisse mit ausländischen Geschäftspartnern zu teilen und so zu riskieren, dass diese zu potenziellen Konkurrenten werden und das Produktkonzept kopieren. Das Gütesiegel „Made in Germany" kann der „Cyclemania" darüber hinaus sogar in einigen Märkten einen entscheidenden Wettbewerbsvorteil anderen Fahrradproduzenten- und Händlern gegenüber verschaffen.

Bei der Entscheidung zwischen dem direkten und indirekten Export sollte die „Cyclemania" den direkten Weg einschlagen, selbst im Auslandsmarkt aktiv werden und die Mountainbikes sowohl an Endkunden als auch an Fahrradhändler vertreiben. Indem das Unternehmen auf Exporthändler verzichtet, kann es mit dem Vertrieb der Mountainbikes höhere Margen erzielen. Exporthändler verlangen aufgrund der Eigenverantwortung und des Risikos des Vertriebs sehr hohe Handelsspannen, welche durch den direkten Export wegfallen.

Der Weg über Exporthändler würde außerdem bedeuten, dass „Cyclemania" keine Kontrolle über die Art und Weise des Vertriebs der Mountainbikes hätte und die Einflussmacht und Steuerung komplett in die Hände der Exporthändler legen würde. Dabei spielt die Vermarktung und der Vertrieb eines qualitativ hochwertigen Produktes eine bedeutende Rolle für das Image Unternehmens. Eine hohe Produktqualität, ein exklusiver Vertriebsweg und ein hervorragendes Dienstleistungsangebot sollten aufeinander abgestimmt sein.

Durch den direkten Export behält das Unternehmen außerdem die Nähe zum Kunden und den direkten Kontakt zu Geschäftspartnern bei. So kann das Unternehmen das Geschehen im Zielmarkt verfolgen und zügig auf Änderungen der Kundenbedürfnisse, Ansprüche oder auch Konkurrenzprodukte reagieren. Die Nähe zum Kunden hat außerdem den Vorteil, dass das Unternehmen durch die ständige Präsenz mit seinem Markennamen nicht in Vergessenheit gerät, Loyalität der Kunden dem Unternehmen gegenüber erzeugt und für eine gute Kundenbindung auch in Zukunft sorgt.

Bei starker Nachfrage müsste „Cyclemania" zunächst die eigene Produktion im Heimatmarkt Deutschland ausbauen und ihre Exportaktivitäten erhöhen. Mit zunehmenden Erfahrungswerten und positiver Resonanz aus den Auslandsmärkten könnte die „Cyclemania" zukünftig eigene Fachgeschäfte mit entsprechend qualifiziertem Personal in den Zielmärkten etablieren.

18

Literaturverzeichnis

Backhaus, K., Büschken, J., Voeth, M. (2001). *Internationales Marketing*. (4. Auflage). Stuttgart: Schäffer-Poeschel.

Bartlett, C. A., Ghoshal, S. (1998). *Managing Across Borders: The Transnational Solution*. Boston: Harvard Business Review Press.

Berndt, R., Altobelli, C.F., Sander, M. (2018). *Internationales Marketing-Management* (5. Auflage). Berlin: Springer.

Dehnen, H.S. (2012). *Markteintritt in Emerging Market Economies*. Wiesbaden: Springer.

Dunning, J. H. (2008). *Multinational Enterprises and the Global Economy*. (2. Auflage). Cheltenham: Edward Elgar Publishing.

Ghoshal, S. (1987). *Global strategy: An organizing framework*. Strategic Management Journal.

Haas, H. D., Neumaier, S. M., Schlesinger, D. M. (2012): *Internationale Wirtschaft: Unternehmen und Weltwirtschaft im Globalisierungsprozess*. München: Oldenbourg Verlag.

Hirsch-Kreinsen, H. (1997): *Organisation und Mitarbeiter im TQM*. Berlin: Springer.

Hout, T., Porter, M. E., Rudden, E. (1982). *How Global Companies Win Out*. Boston: Harvard Business Review.

Johnson, G. (2014). *Exploring Strategy* (10. Auflage). Harlow: Pearson.

Krugmann, P., Obstfeld, K. (2006). *Internationale Wirtschaft* (7. Auflage). München: Pearson Studium.

Kutschker, M., Schmid, S. (2011). *Internationales Management*. (7. Auflage). München: Oldenbourg Verlag.

Macharzina, K., Wolf, J. (2012). *Unternehmensführung* (8. Auflage). Wiesbaden: Springer.

Meffert, H., Burmann, C., Becker, C. (2010). *Internationales Marketing-Management*. (4. Auflage). Stuttgart: Kohlhammer.

Mellewigt, T. (2003). *Management von Strategischen Kooperationen*. Wiesbaden: Deutscher Universitätsverlag.

Mense-Petermann, U., Wagner, G. (2006). *Transnationale Konzerne: Ein neuer Organisationstyp?* Wiesbaden: VS Verlag für Sozialwissenschaften.

Metting, T. (2018): *Grundfragen der Unternehmensführung* (2. Auflage). Studienbrief der SRH Fernhochschule: Riedlingen.

Morschett, D., Schramm-Klein, H., Swoboda, B. (2010). *Decades of research on market entry modes: What do we really know about external antecedents of entry mode choice?* Journal of International Management. Band 16, Nr.1. Amsterdam: Elsevier.

Stallmann, F., Wegner, U. (2015) *Internationalisierung von E-Commerce-Geschäften*. Wiesbaden: Springer.

Steger, U., Kummer, C. (2002) *Auswirkungen der Globalisierung auf das strategische Management*. Berlin: Springer.

BEI GRIN MACHT SICH IHR WISSEN BEZAHLT

- Wir veröffentlichen Ihre Hausarbeit,
  Bachelor- und Masterarbeit

- Ihr eigenes eBook und Buch -
  weltweit in allen wichtigen Shops

- Verdienen Sie an jedem Verkauf

Jetzt bei www.GRIN.com hochladen und kostenlos publizieren